ESPERANZA SPIERLING BEYOND THE PICTURE

KERBER
PhotoART

„SILENCE IS SO ACCURATE.“

Marc Rothko

DIE BÜHNE BLEIBT LEER

WIE DIE FOTOGRAFIEN VON ESPERANZA SPIERLING DAS MEDIUM FOTOGRAFIE REFLEKTIEREN

DAS BILD HÄLT NICHTS FEST

Das Interesse der Künstlerin gilt weniger den Dimensionen Raum und Zeit oder dem Gegenständlichen an sich, sondern der Einfachheit des unspektakulären Ortes und des nahezu leeren Raumes. Motive aus den Kontexten Urbanität, Landschaft, Innenraum, Museum oder Planetarium ergänzt Esperanza Spierling durch Konstruktionen unter Studiobedingungen. All diese „Bildversuche", so die Künstlerin, machen zwar den Raum im Bild als Raumbild sichtbar. Darüber hinaus lassen sie jedoch einen neuen Bildraum entstehen, der durch die Kraft des Abbildes des Raumes zur Entdeckung der genuinen Leistung von Spierlings fotografierten Räumen führt.

Ihre Bilder funktionieren nicht nur wie eine Bestätigung dessen, was schon zu sehen ist, sondern liefern einen Mehrwert, einen Sinnfluss an Bedeutungen, Bildern und Geschichten. „Im Mittelpunkt meiner Arbeit", sagt die Fotografin, „steht nicht der ursprüngliche Raum, sondern seine ästhetische Auflösung und Reduktion und die damit einhergehende Umwandlung in ein Bild."

Dieser Prozess des Auflösens, Reduzierens und Umwandelns hält nichts fest, in ihm hält sich nichts fest. „Wir brauchen keinen Fokus der Aufmerksamkeit", schreibt Hannes Böhringer in Erinnerung an Fluxus und John Cage, „nur einen Rahmen, einen Fensterausschnitt in einem fahrenden Zug, Entfernung vom Alltäglichen, und die Welt der festen Dinge und Absichten kann flüssig werden."

DAS BILD ALS LEERER BEHÄLTER

Bei Spierlings Innenansichten von Bibliotheken, Sporthallen, Eingangsgebäuden, Schwimmbädern und Warteräumen handelt es sich um Räume des öffentlichen Lebens, die durch Anonymität und Funktionalität, durch Flüchtigkeit und Kühle gekennzeichnet sind. Diese für einen massenhaften Gebrauch ausgelegten Orte vermitteln Leere und Bedeutungen, die abseits bekannter Erfahrungen mit solchen Raumsituationen liegen. Gerade weil im Alltag dieser blinde Fleck nicht wahrgenommen wird, sucht Spierling mit ihrem Werk nach der Schönheit dieser Leere und der spezifischen Aussage des scheinbaren Nichts.

Ihre Bildversuche drängen zur Frage, ob das Nichts auch Bildgegenstand sein kann, ob ein Bild, in dem die Leere das zentrale Moment ist, tatsächlich als leeres Bild bezeichnet werden kann.

Wenn ein Becher leer sein muss, um etwas aufnehmen zu können, so sind, in Analogie dazu, die Fotografien von Spierling eine Art inhaltsleere Behältnisse, die den Betrachtern die Freiheit zu unbegrenzt vielfältigen Stimmungen und Gedanken gibt, statt sie zu verpflichten, zu abschließenden Interpretationen zu kommen. Fotografien, deren Bildszenario wenig bis gar nichts zeigen, lassen den Fotografierenden außen vor. Es scheint die Autorität und auch den Autor mit eigenen Erfahrungen und Gefühlen nicht zu geben. An die vakante Stelle tritt die Autonomie des Werkes. Spierling sagt: „Es gibt kein Davor und kein Danach. Das Wesentliche ist nur das Bild selbst." Nicht das Bild als Spiegelbild der Wirklichkeit, sondern, im Gegenteil, erst das Bild als leerer Behälter, Container und Rahmen verwandelt die Fotografie in ein Dialogmedium der (Selbst-)Reflexion.

FOTOGRAFIE DER REFLEXION

Der Begriff der Reflexion (von lateinisch reflectere: zurückbeugen, zurückspiegeln) meint die Rückspiegelung der Fotografie auf sich selbst. Die Fotografie der Reflexion fragt danach, was Bilder von der Welt zu erkennen geben und was sie im Konkreten über die Welt aussagen. Die offene Form des Dialogs erlaubt ein Gespräch über „Gott und die Welt", über den Raum (als leeren Museumsraum) und den Weltraum (als Sternenprojektion).

Räume I bis XXXXI nennt Esperanza Spierling leere Museumsräume, wie sie in der Zeit zwischen zwei Ausstellungen intern anzutreffen sind, einer Öffentlichkeit aber vorenthalten bleiben. Die Räume sind ohne Fenster und Schatten, das Licht ist neutral. Die Schritte, so denn hörbar, glitten leicht über das Parkett oder wippten lautlos auf dem Teppich entlang leerer, weißer Wände. Die Betrachter der Fotografien sehen keine Kunstwerke im Museum, sondern nehmen das Museum selbst als Kunstwerk wahr. „Wenn das Museum als Bühne für Kunst dient, so ist diese Bühne in meinen Arbeiten leer. Der Betrachter füllt sie mit Bedeutung, wird zur Hauptfigur." Hinzu kommt, wie Spierling ergänzt, dass „die Pause zwischen zwei Ausstellungen durch die Fotografie auf unbegrenzte Zeit ausgedehnt wird".

Damit trifft sie den Fokus einer Fotografie der Reflexion, die in diesem Fall von geschlossenen Räumen handelt, in denen sich der innere Dialog als die eigentliche Handlung ungestört entfalten kann, während die Zeit ein Opfer des Vergessens wird. Bei der Serie der Sternenprojektionen in Planetarien ging es der Künstlerin um den „Aspekt der Darstellung des unendlichen Weltraums in einer sehr begrenzten Kuppel. Die Projektionen sind frappierend echt, und doch ist alles Fiktion. Durch die Fotografie wirkt die fiktive Situation sehr real, da sie auf unbestimmte Zeit ausgedehnt wird." Die Reflexionsfotografie umgeht diesen Fakt-Fiktion-Konflikt nicht, sondern macht ihn im Bild selbst evident. Wenn in den U-Bahnstationen die Plakatflächen leer bleiben, spricht die Fotografin von „unbeabsichtigter Kunst". Was ohne Absicht in Erscheinung tritt, beansprucht keinen ideellen (sprich kommerziellen, politischen, religiösen, sexuellen etc.) Gehalt, sondern dient allein der Erzeugung intensiver Stimmungen (Körperlichkeit, Sinnlichkeit, Atmosphären, Rhythmen etc.): eindrucksvolle Empfindungen, die das Bewusstsein temporär durchzucken. Spierlings Idee des „Bildversuchs" als reflektierte Fotografie hält nichts fest und verspricht nichts.

Paolo Bianchi

THE STAGE STAYS EMPTY

HOW ESPERANZA SPIERLING'S PHOTOS REFLECT THE MEDIUM PHOTOGRAPHY

THE IMAGE CAPTURES NOTHING

The artist is less interested in the dimensions time and space or the inherent objectivity as such, more in the simplicity of the unspectacular scene and the virtually empty space. Esperanza Spierling takes motives from the context of urbanity, landscape, interior space, museums or planetaria, and supplements them with constructions under studio-conditions. According to the artist, all these "picture tests" indeed visualise space in the picture as a stereogram. But in addition, they also permit the creation of a new pictorial space, which, through the strength of its reproduction of the space leads to the discovery of Spierling's genuine depictions of the photographed rooms.

Her pictures act not only as a verification of what is already visible; they provide an added value, an abundance of meanings, images and stories. "At the centre of my work", the artist explains, "is not the original space, but an aesthetic dissolution and reduction, accompanied by the transformation into an image."

This process of dissolving, reducing and transforming captures nothing, in it nothing is held onto. "We don't need a focus of attention," Hannes Böhringer writes in remembrance of Fluxus and John Cage, "only a setting, a glimpse from a window in a moving train, detachment from the everyday, and the world of solid things and intentions can become liquid."

THE IMAGE AS AN EMPTY CASE

Spierling's interior views of libraries, coliseums, entrance halls, swimming baths and waiting rooms are locations of public life, characterised by anonymity and functionality, signified by fleetingness and bleakness. These places, constructed for mass usage, communicate emptiness and meanings far beyond familiar experience with spatial surroundings like these. Precisely because this blind spot is not perceived in everyday life, Spierling seeks the beauty of this void, her work seizes the specific statement of the alleged nothing.

Her picture tests lead to the question whether nothingness can be object of an image; can a picture which the emptiness is the central factor, be called an empty picture. If a cup has to be empty in order to be filled, Spierling's photos are, in analogy to that, some sort of unsubstantial vessels

providing the viewer with the freedom of unlimited manifold sentiments and thoughts, rather than obliging them to come to a concluding interpretation. Photos in which the picture compositions show little or hardly anything, somehow exclude the photographer. It seems as if neither the authority nor the author and her own experience and feelings exist. The autonomy of the work takes the place of the vacant spot.
Spierling says: "Before and after do not exist. The essence is solely in the picture itself." Not the picture as a mirror image of reality, but, on the contrary, the image as an empty case, container and framework which transforms the photograph into a dialogue medium of (self-)reflection.

PHOTOGRAPHY OF REFLECTION

The term "reflection" (Latin reflectere: to turn or bend back) means the reflection of the photography onto itself. The photography of reflection enquires as to what parts of the world are revealed by images and what they precisely state about the world in concrete terms. The open mode of the dialogue allows a discussion about "everything and anything", about the space (as an empty room in a museum) and outer space (as a star projection). Esperanza Spierling calls the rooms I to XXXXI empty museum rooms, exactly how they can be found internally in the time between two exhibitions – while the public is deprived of access. The rooms do not have windows or shadows, the light is neutral. The footsteps, as far as they are audible at all, glided softly over the parquet flooring or tapped silently across the carpet, alongside empty white walls. The observers do not see works of art in a museum, but apprehend the museum itself as a piece of art. "If the museum serves as a platform for art, in my works this platform is empty. The viewer fills it with a meaning, thus becoming the central character." As Spierling adds that the photography extends the interval between two exhibitions for an indefinite period of time.
In this way, Spierling finds the precise focus of a photography of reflection, which treats enclosed spaces in which the inner dialogue can unfold itself undisturbedly as the actual plot, while time is the victim of oblivion. Through her series of star projections in planetaria, the artist pursues the goal of a "depiction of infinite outer space within a very limited cupola. The projections are strikingly realistic, and yet it is all fiction. The photography makes

the fictitious situation appear very real as it is extended for an indefinite time." Reflection photography does not avoid this fact-fiction conflict; instead it visualises it in the picture itself.
If billboard spaces in metro stations remain empty, the photographer refers to "unintentional art".Things emerging unintentionally do not claim an ideational, that is, commercial, political, religious, sexual or other content, but in fact only serve the generation of intensive moods (corporality, sensuality, ambiences, rhythms etc.); impressive sentiments flashing temporarily through the consciousness. Spierling's idea of "picture tests" as reflected photography holds on to nothing and promises nothing.

Paolo Bianchi

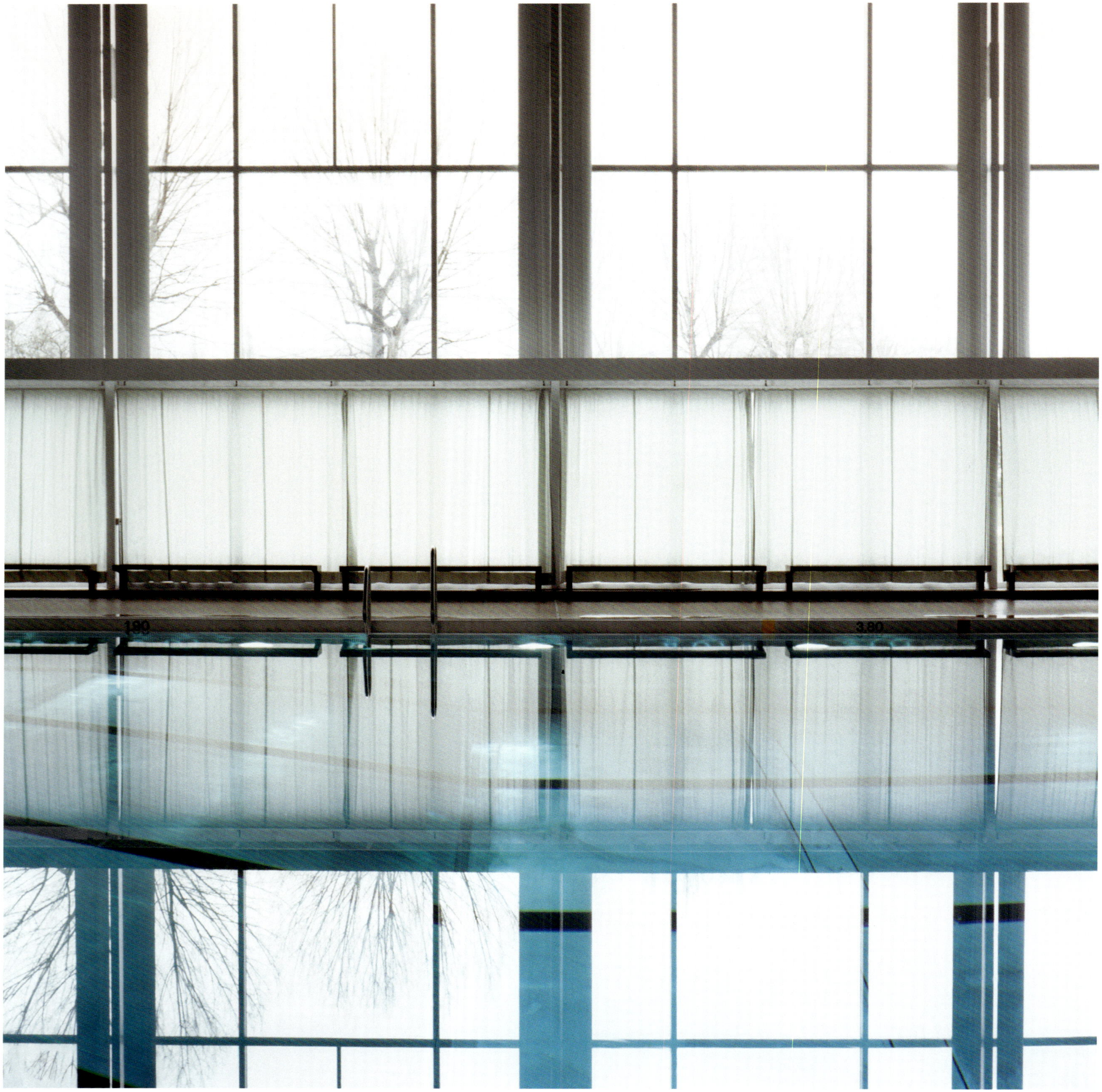

SCHWIMMHALLE III / 1   1999   75 X 75 CENTIMETER   C - PRINT

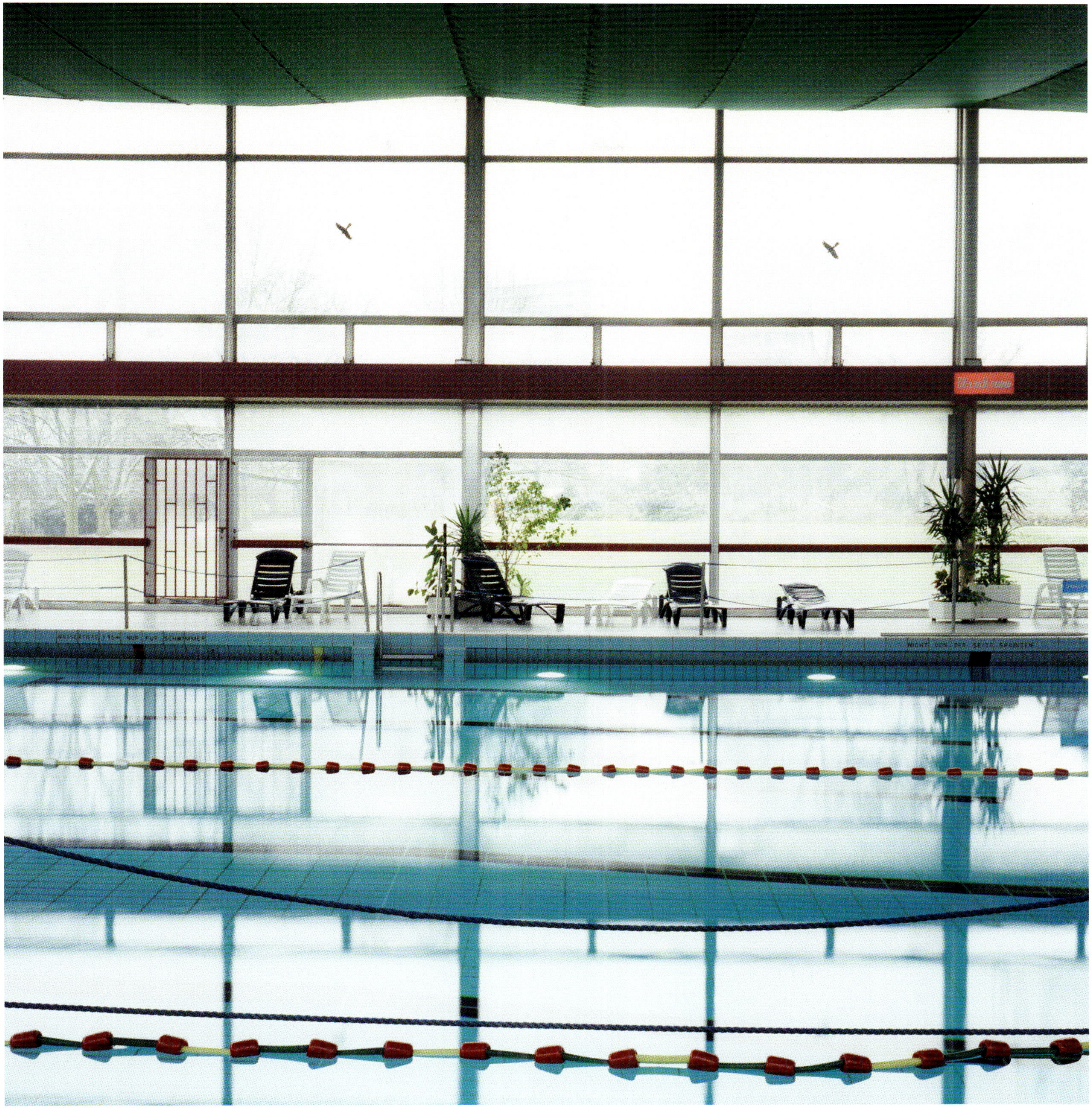

SCHWIMMHALLE I / 1   1999   75 MAL 75 CENTIMETER   C - PRINT

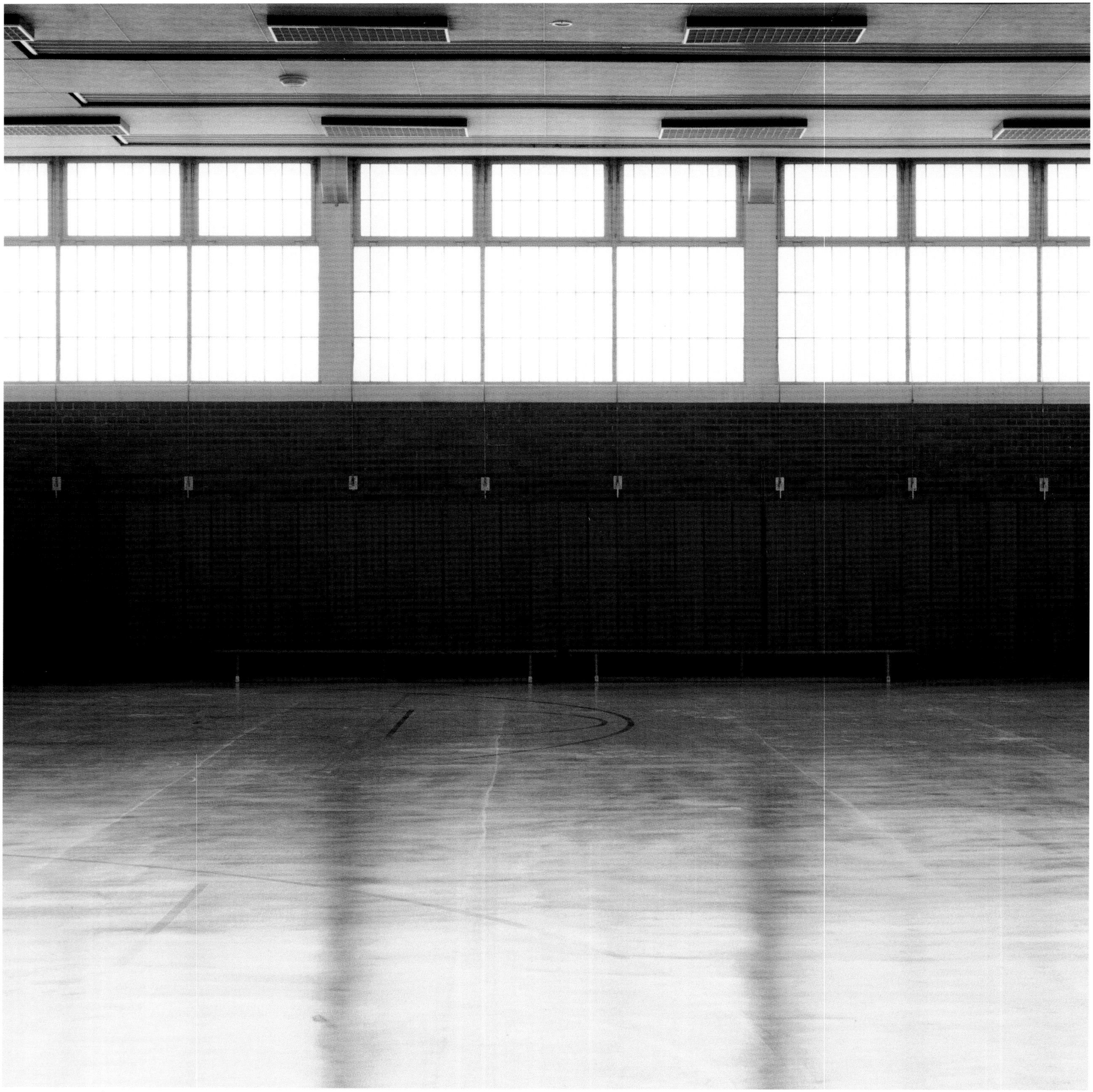

SPORTHALLE I / 3 1999 75 X 75 CENTIMETER C - PRINT

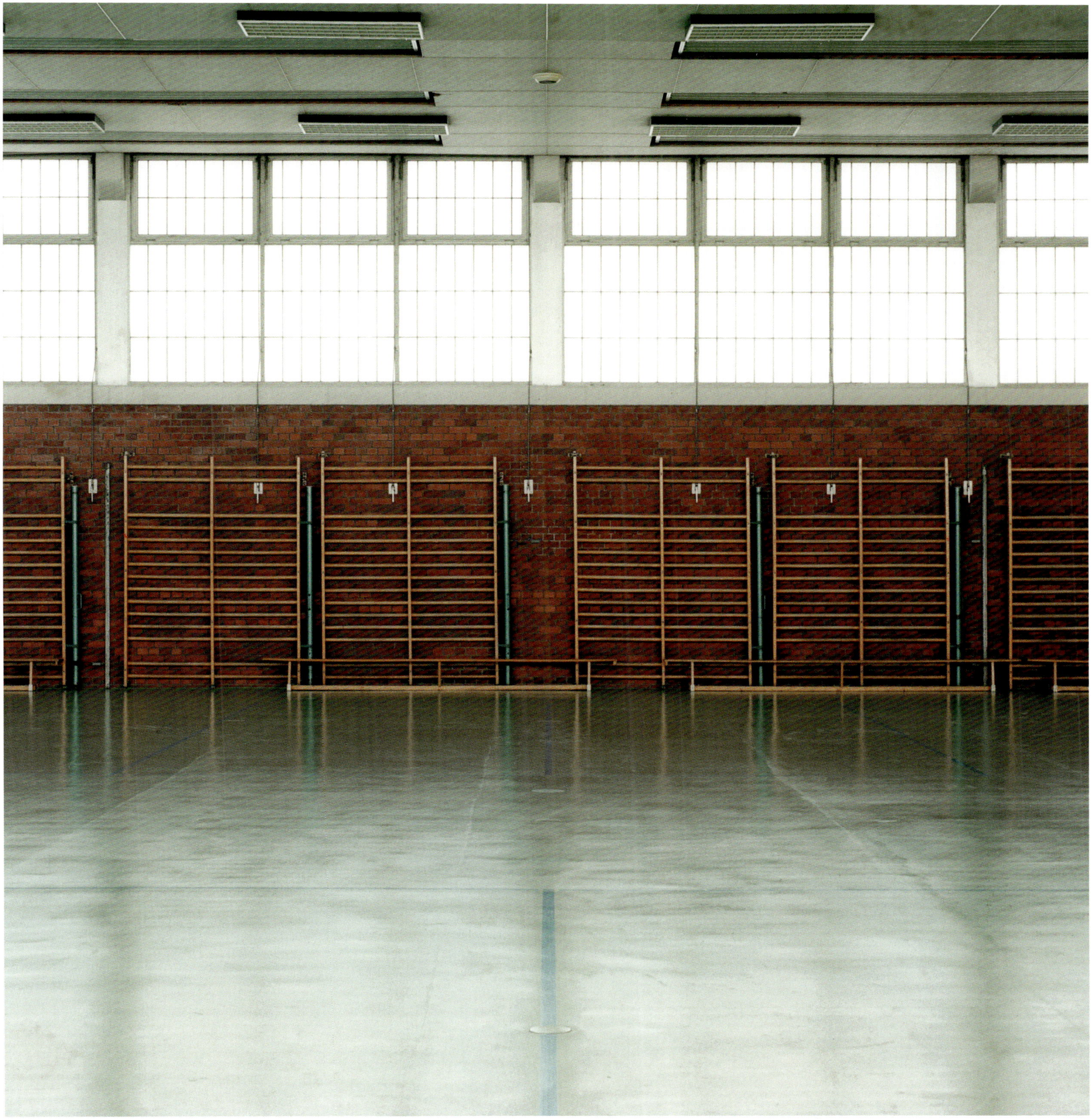

SPORTHALLE I / 2 1999 75 X 75 CENTIMETER C - PRINT

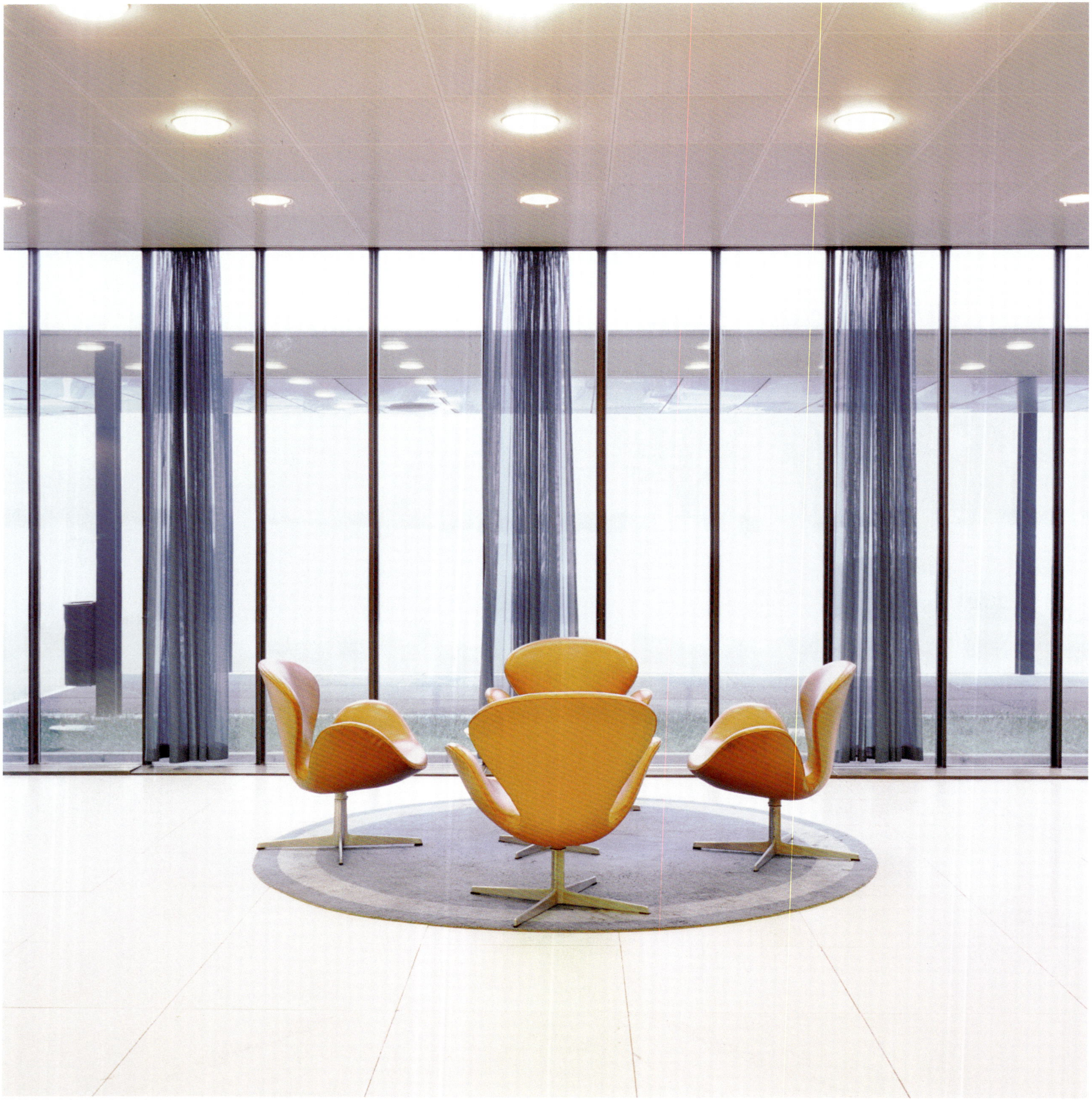

EMPFANGSHALLE IV 2000 75 X 75 CENTIMETER DIGITALER C - PRINT

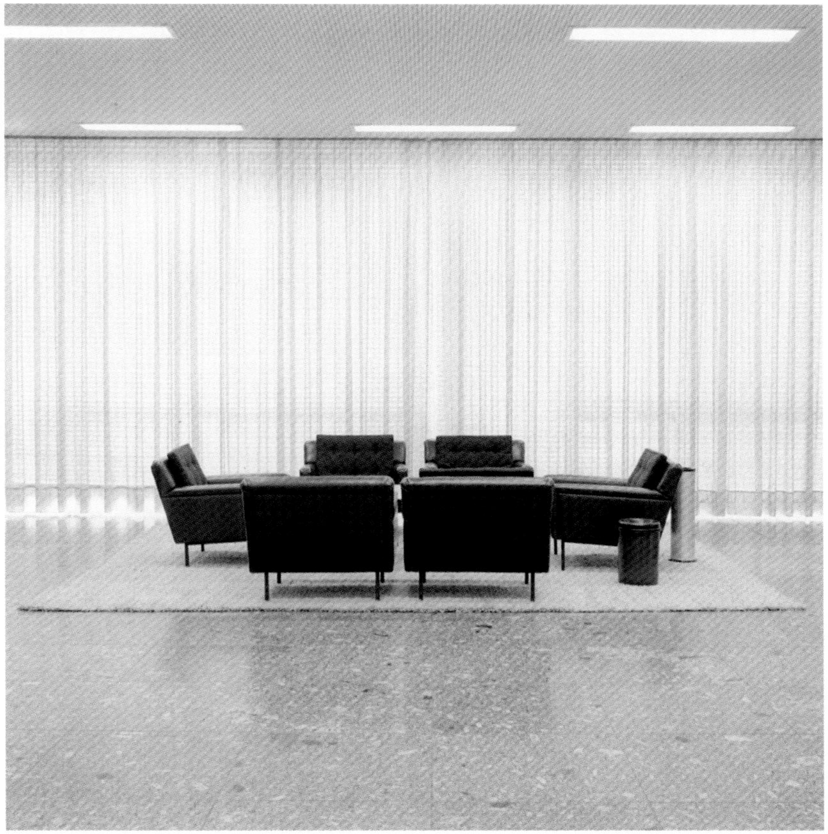

EMPFANGSHALLE I / 1   1999   75 X 75 CENTIMETER   C - PRINT

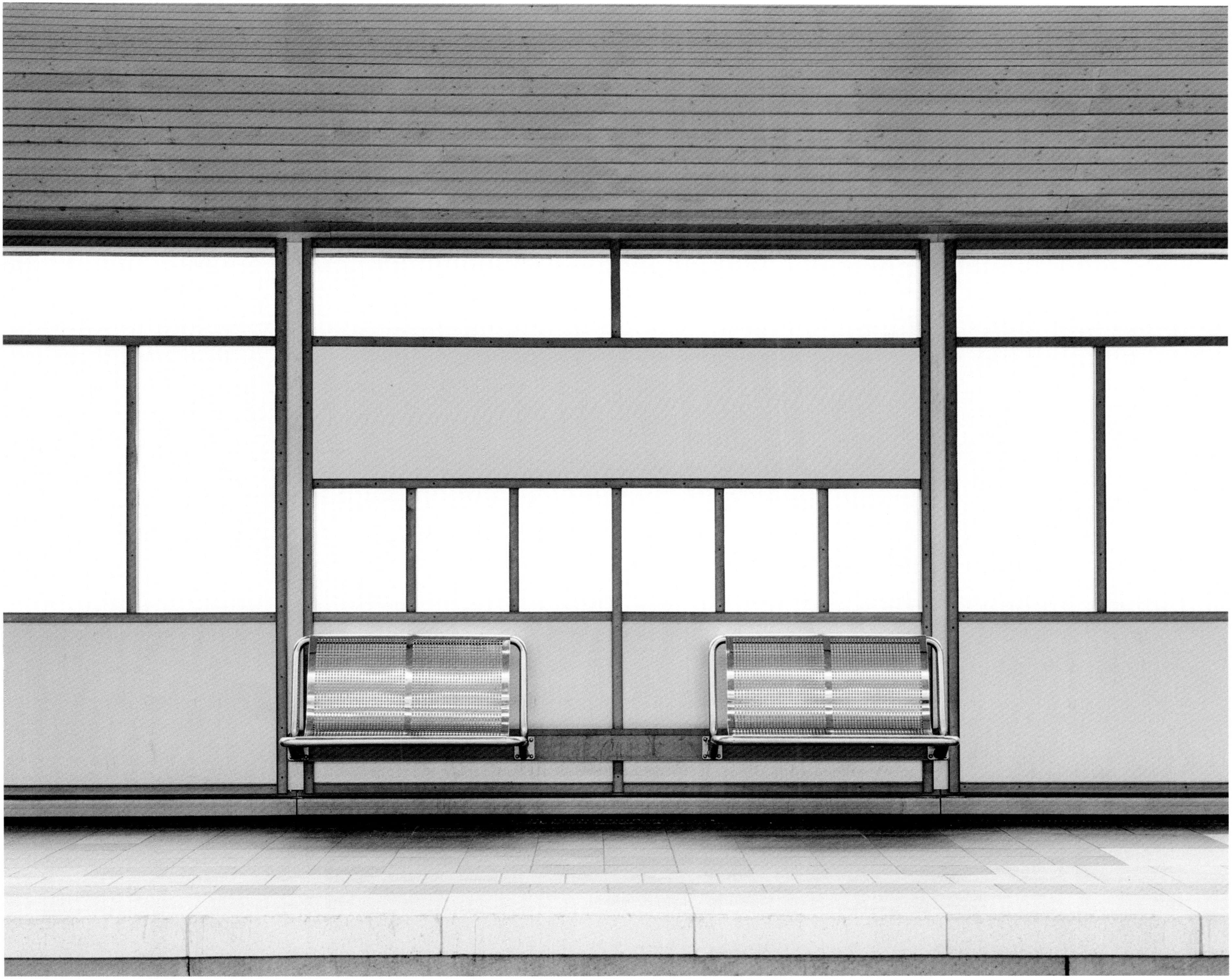

7/3   2000   75 X 95 CENTIMETER   DIGITALER C - PRINT

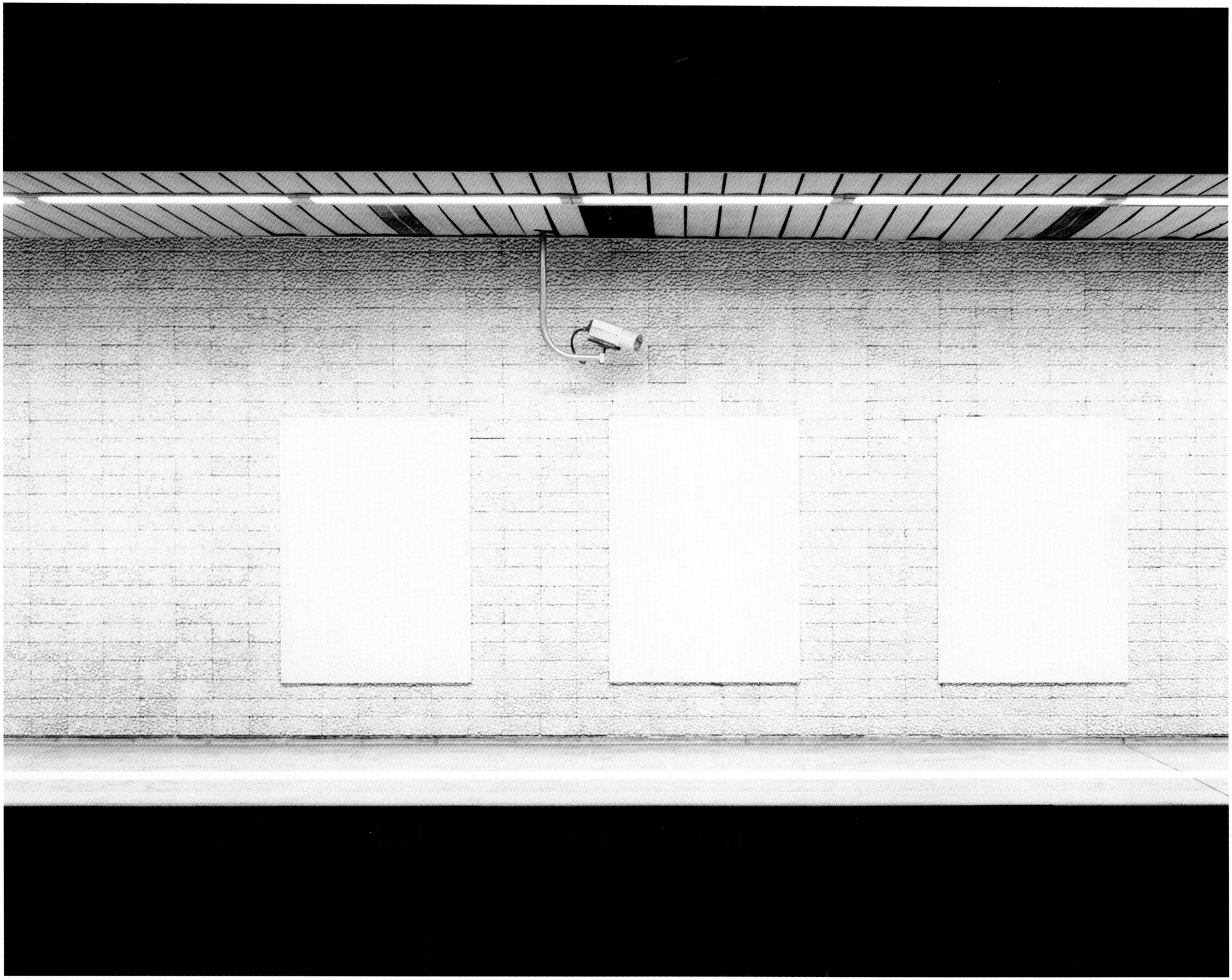

11 2000 75 X 110 CENTIMETER C - PRINT

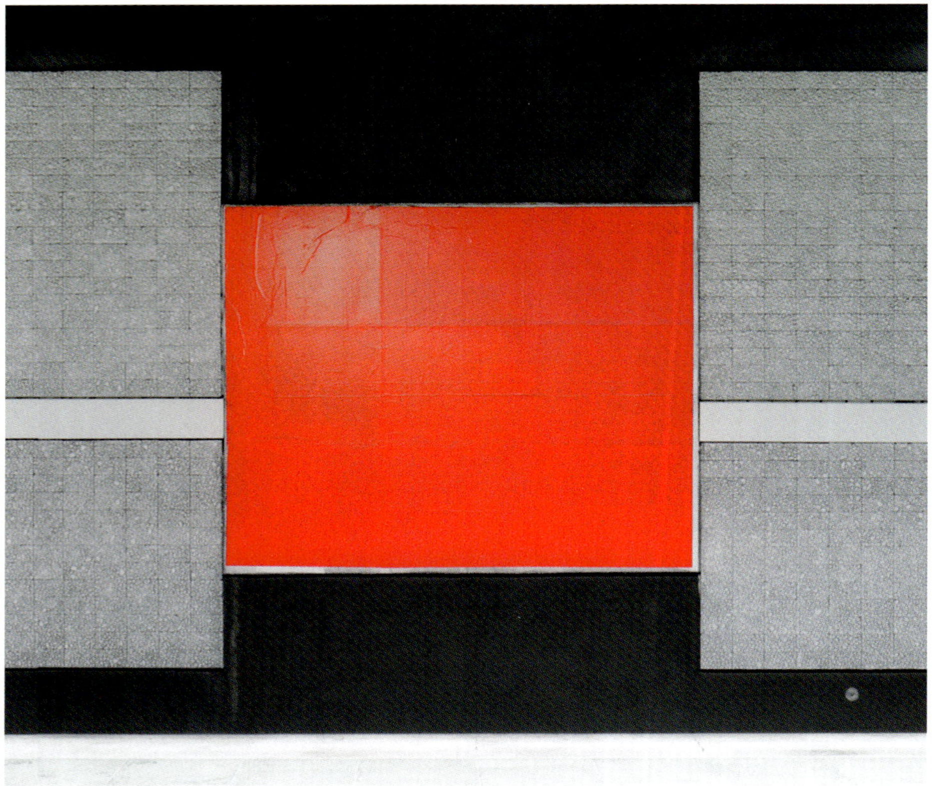

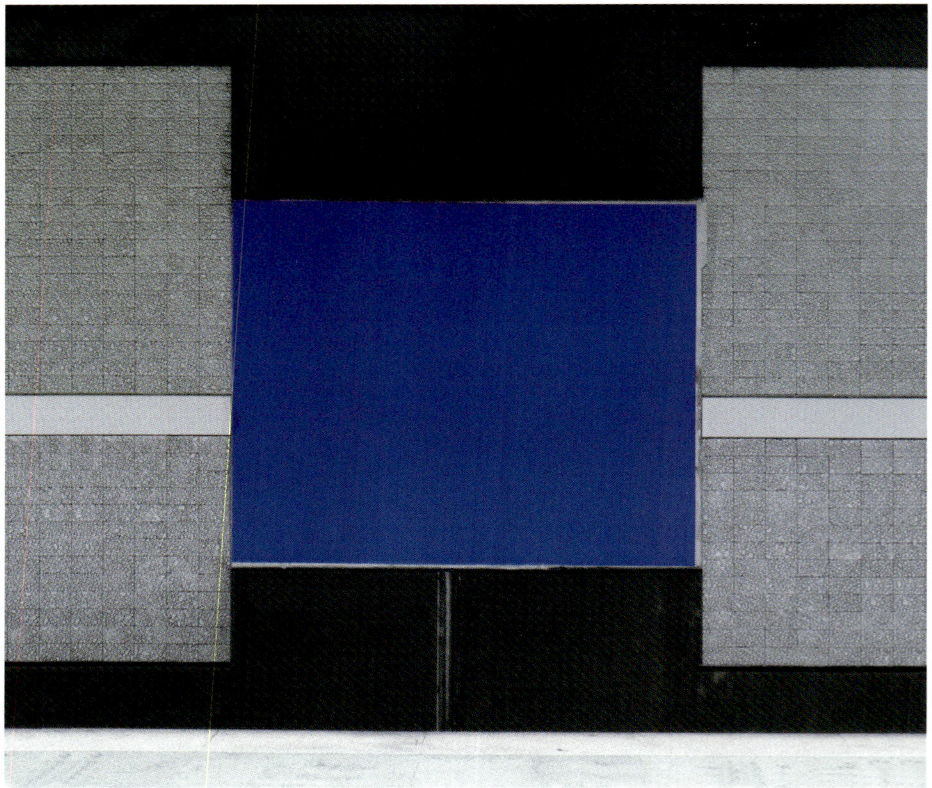

12, # 13   2000   75 X 95 CENTIMETER   DIGITALE C - PRINTS

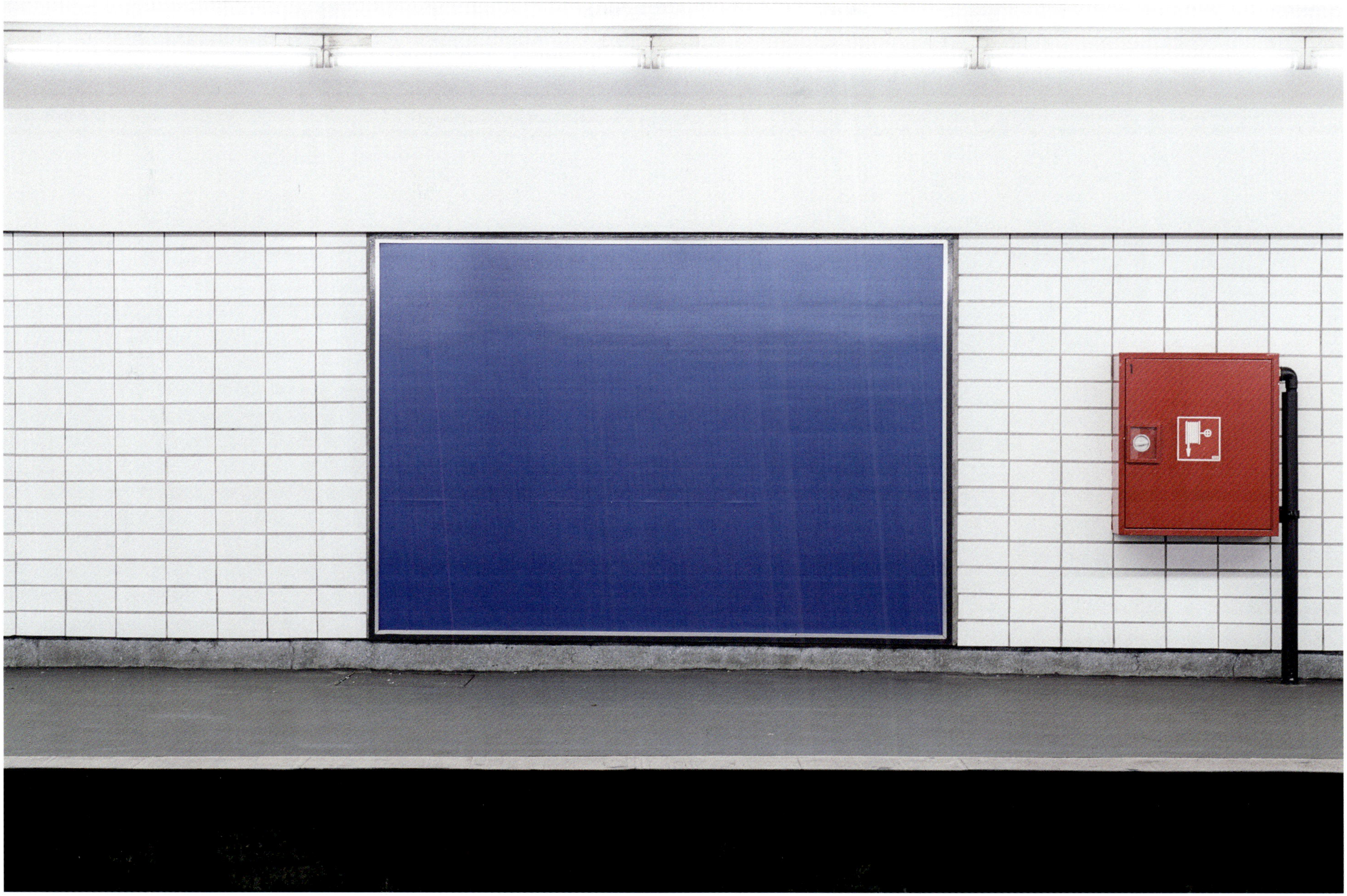

15 2000 75 X 115 CENTIMETER DIGITALER C - PRINT

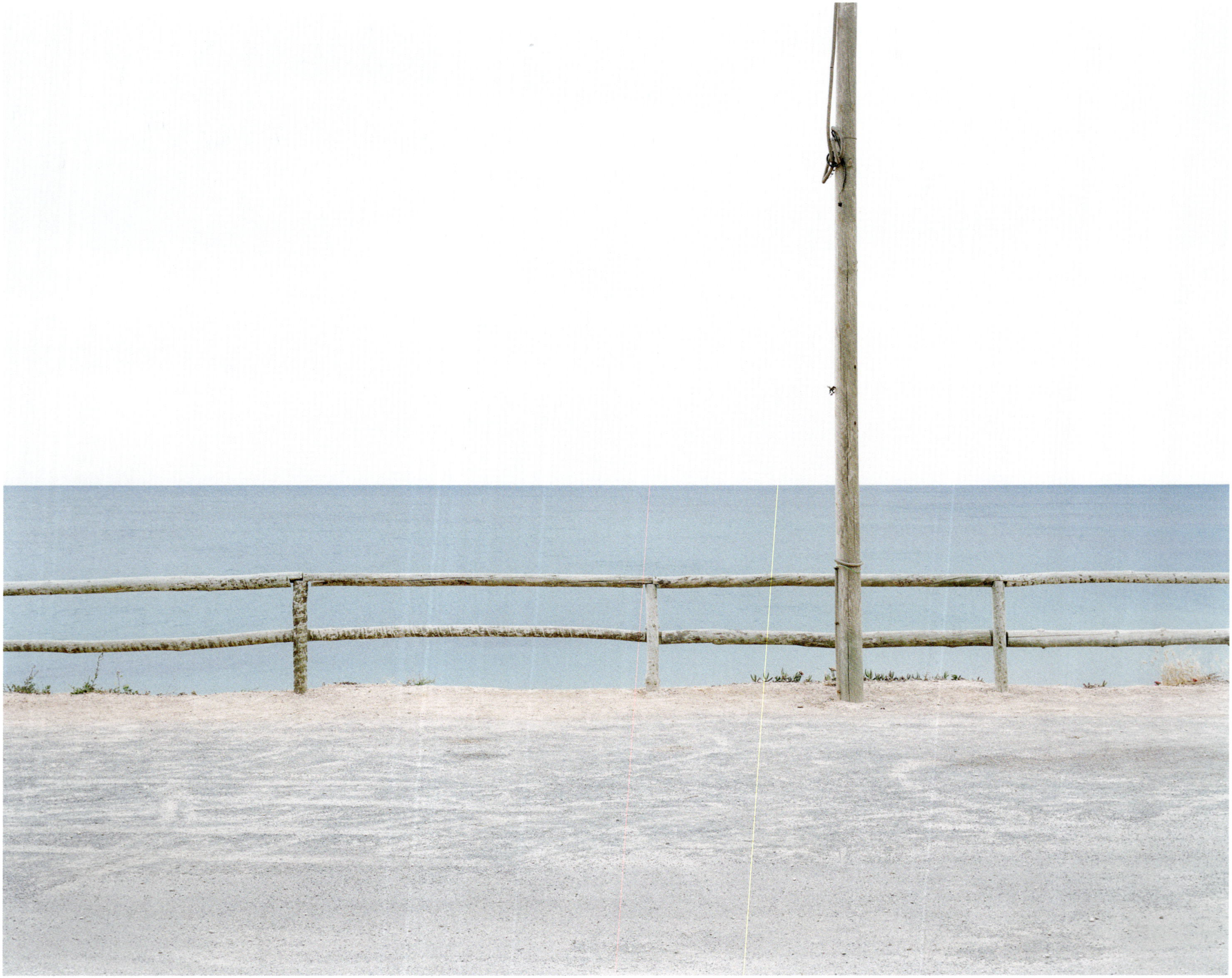

43 2000 75 X 95 CENTIMETER DIGITALER C - PRINT

42 / 1, # 42 / 4, # 42 / 7   2000   24 X 30 CENTIMETER   DIGITALE C - PRINTS

42 / 5   2000   24 X 30 CENTIMETER   DIGITALER C - PRINT

31 / 4, 31 / 7 2001 75 X 95 CENTIMETER C - PRINTS

16 2001 75 X 95 CENTIMETER DIGITALER C - PRINT

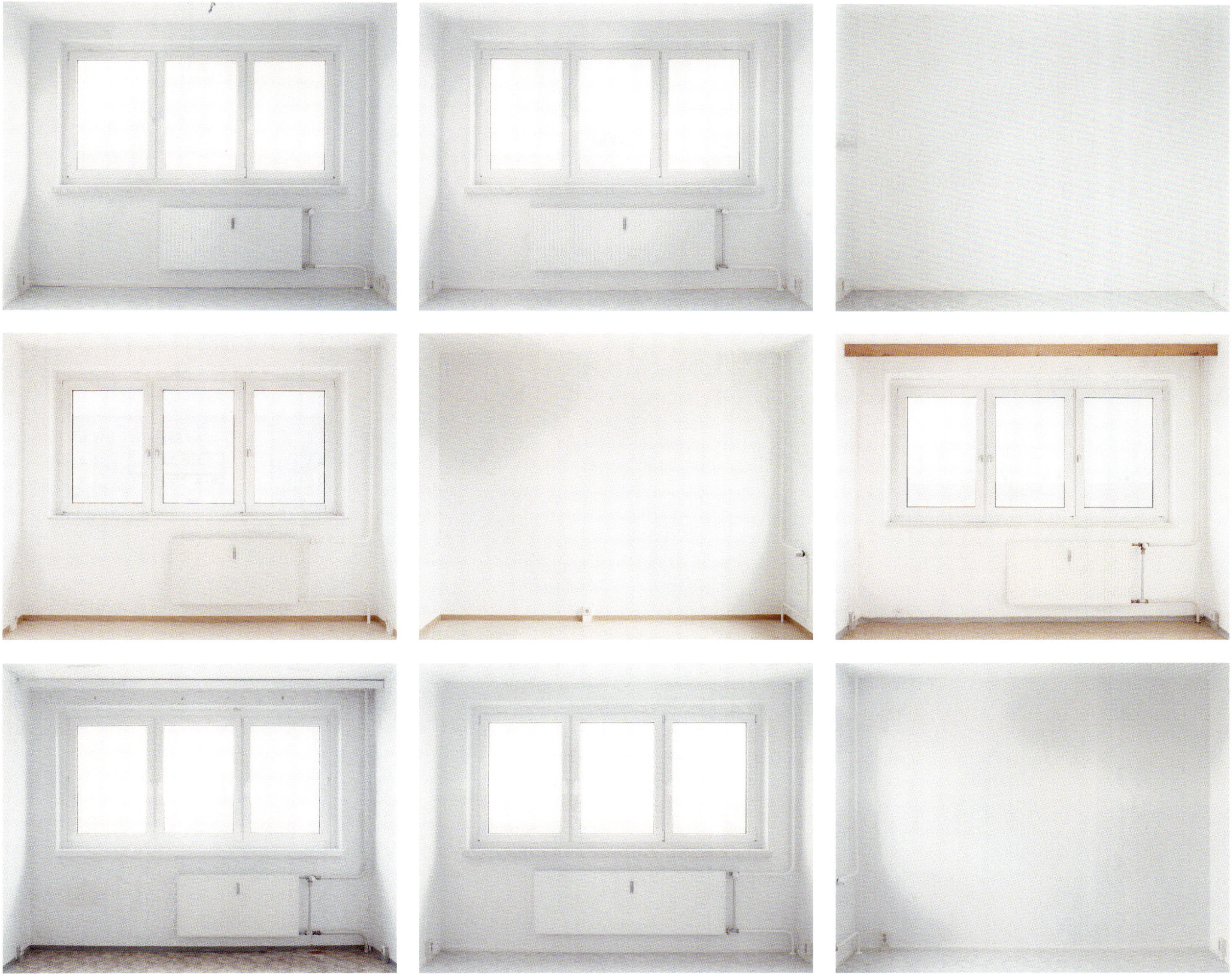

OBEN # 32 / 1 - # 32 / 3 MITTE # 32 / 7 - # 32 / 9 UNTEN # 32 / 11 - # 32 / 13 2000 24 X 30 CENTIMETER C - PRINTS

135 2002 120 X 150 CENTIMETER DIGITALER C - PRINT

136   2002   120 X 150 CENTIMETER   DIGITALER C - PRINT

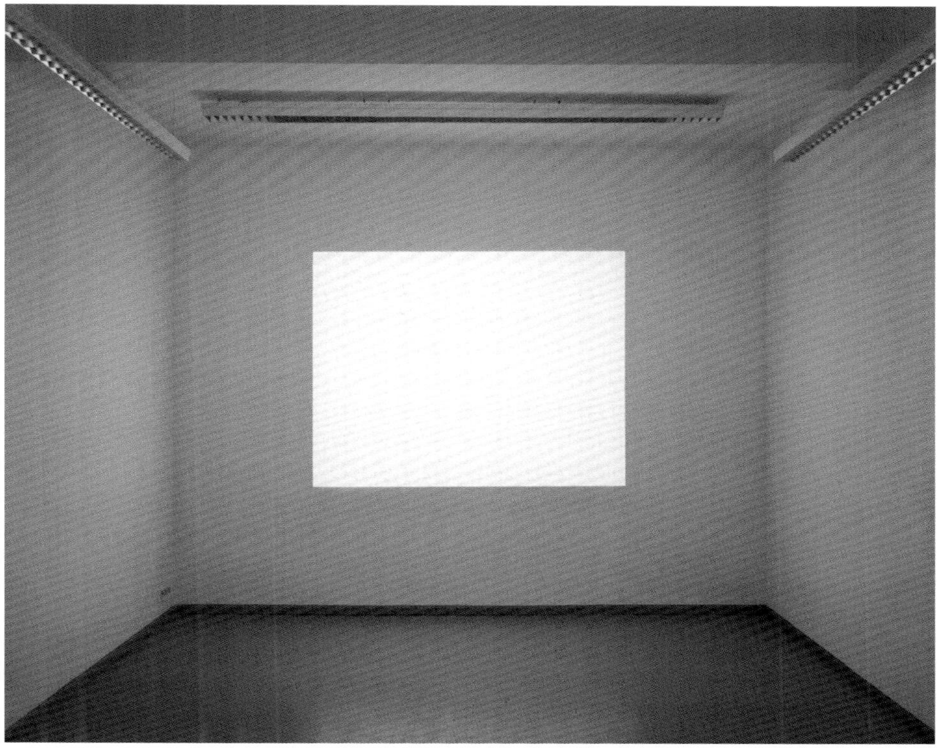

168, # 170   2002   120 X 150 CENTIMETER   DIGITALE C - PRINTS

RAUM IV /1   2003   120 X 180 CENTIMETER   DIGITALER C - PRINT

RAUM XI, RAUM XIII 2003 120 X 150 CENTIMETER DIGITALE C - PRINTS

RAUM XII 2003 120 x 150 CENTIMETER DIGITALER C - PRINT

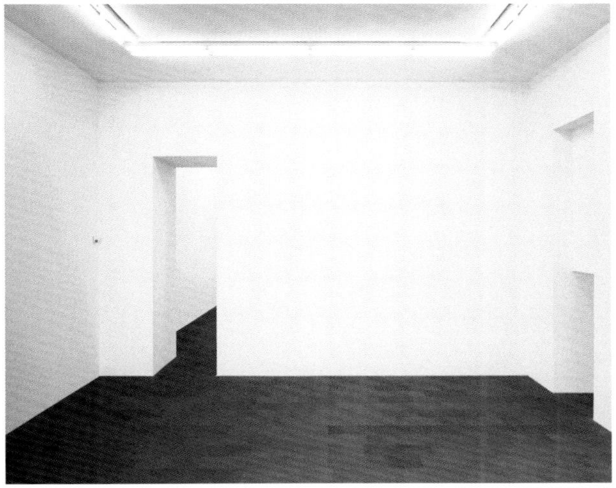

RAUM XIX, RAUM XV, RAUM XVIII 2003 120 X 150 CENTIMETER DIGITALE C - PRINTS

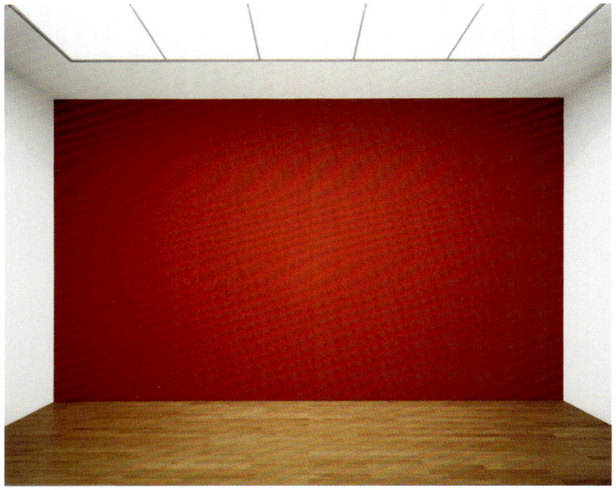

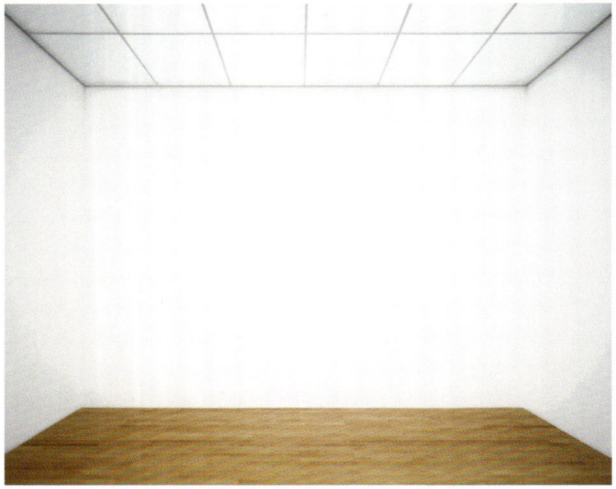

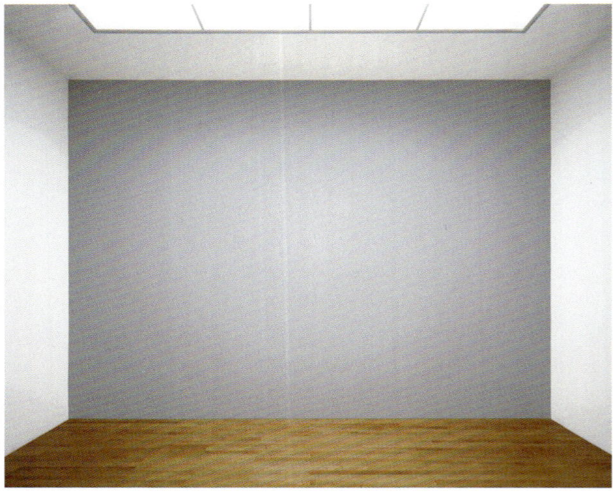

RAUM XXXVII, RAUM XXXII, RAUM XXXVI 2004 120 X 150 CENTIMETER DIGITALE C - PRINTS

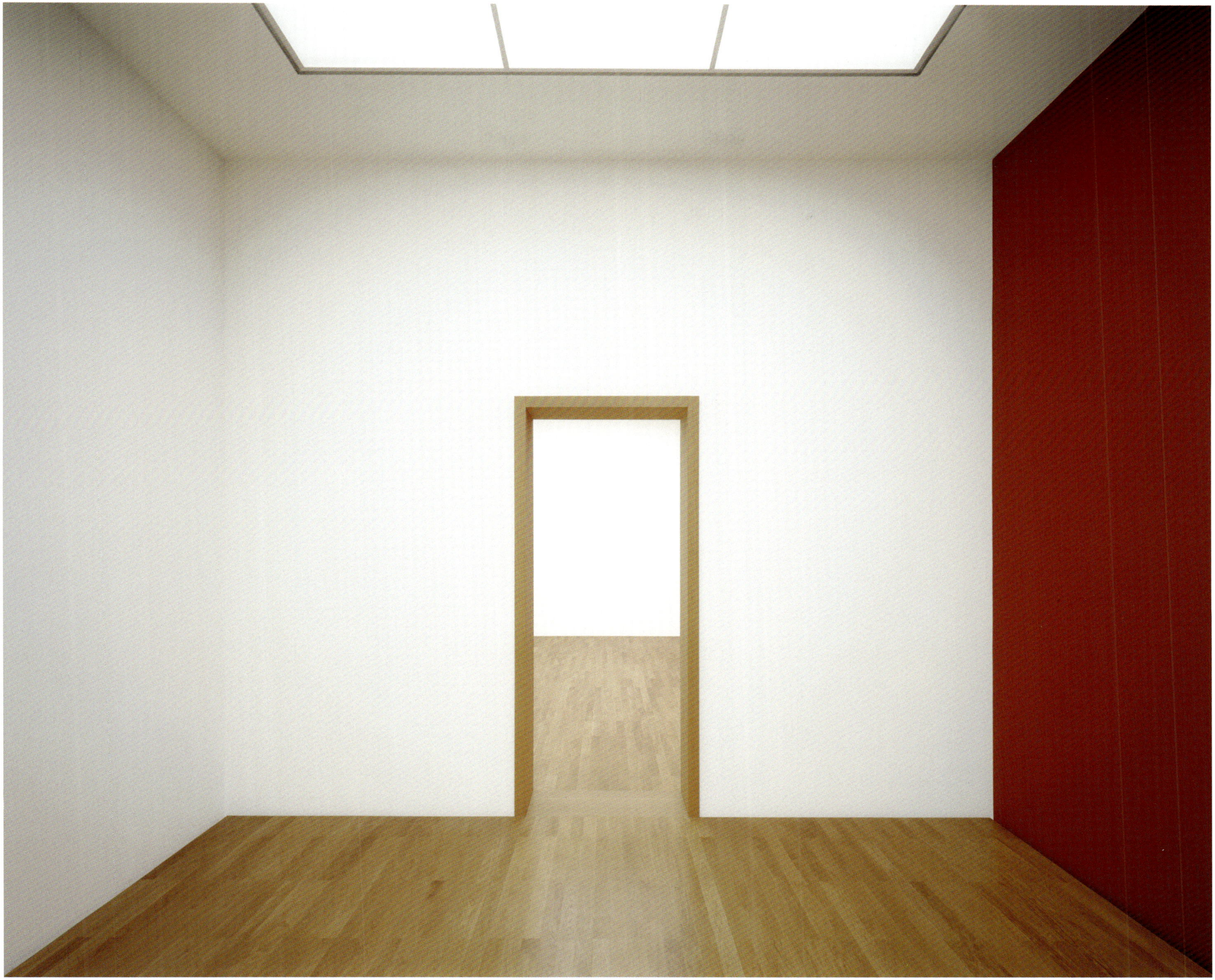

RAUM XXVIII 2004 120 X 150 CENTIMETER DIGITALER C - PRINT

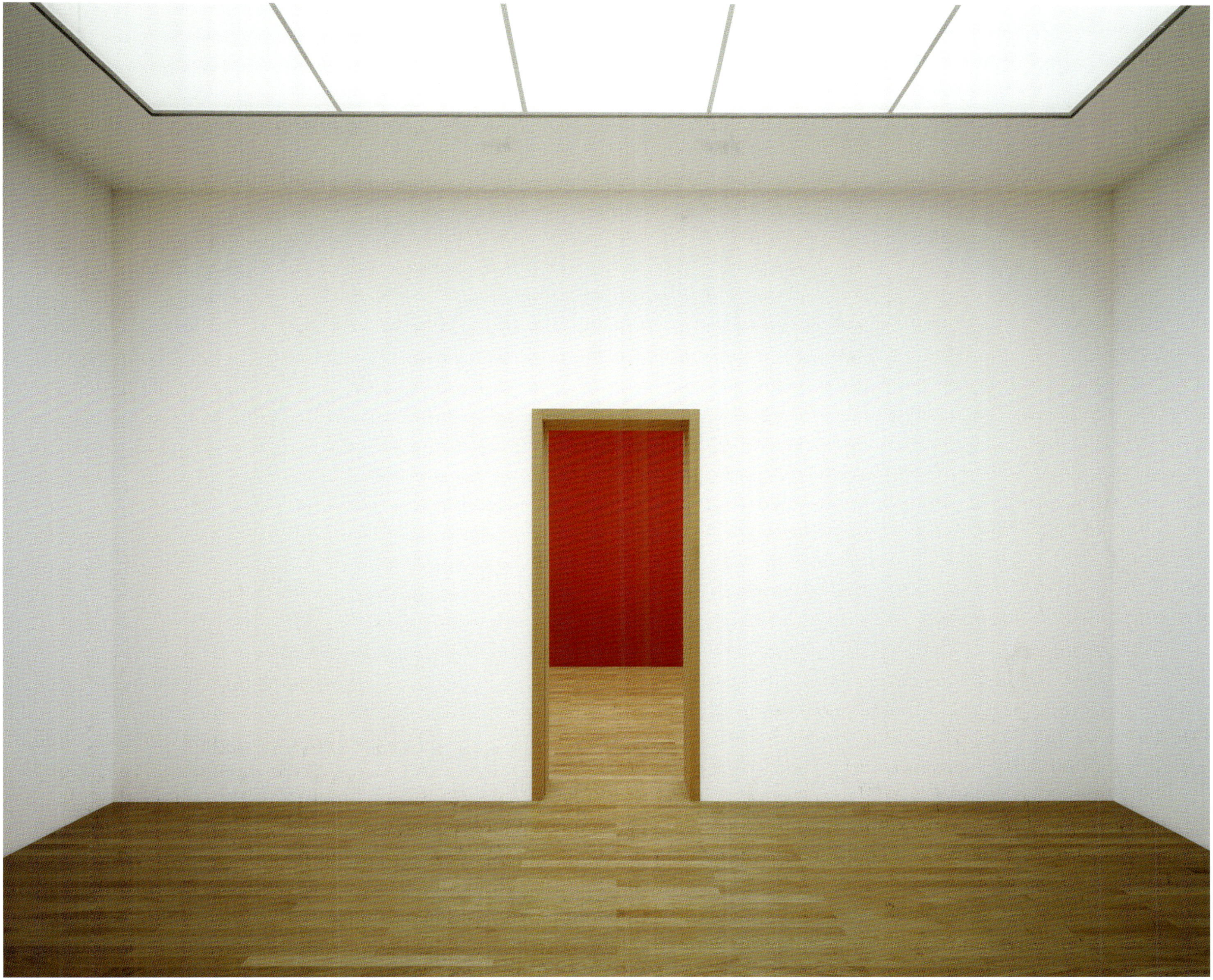

RAUM XXVII 2004 120 X 150 CENTIMETER DIGITALER C - PRINT

371 2004 120 X 150 CENTIMETER DIGITALER C - PRINT

420 2005 120 X 150 CENTIMETER DIGITALER C - PRINT

421 2005 120 X 150 CENTIMETER DIGITALER C - PRINT

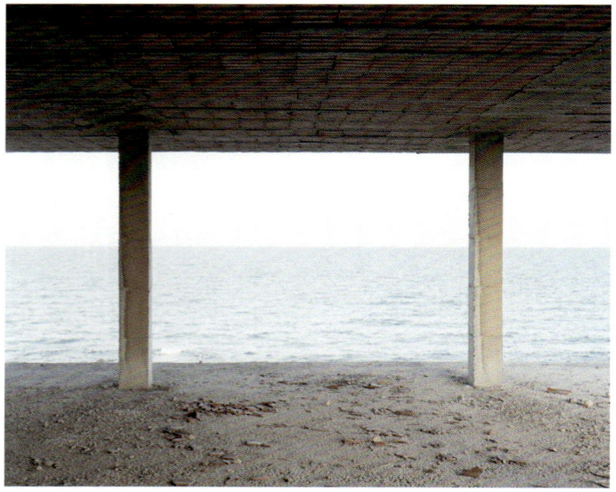

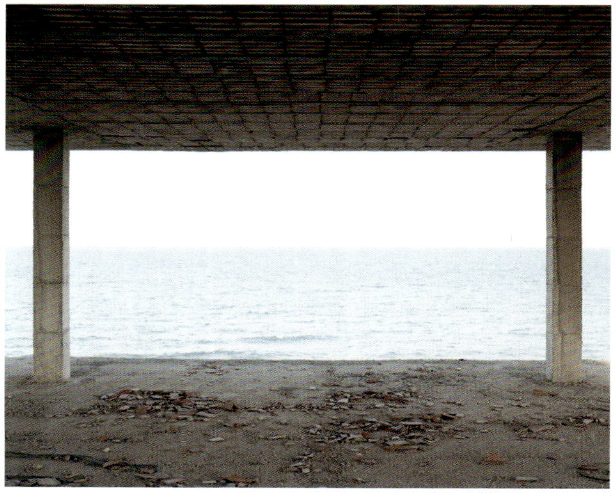

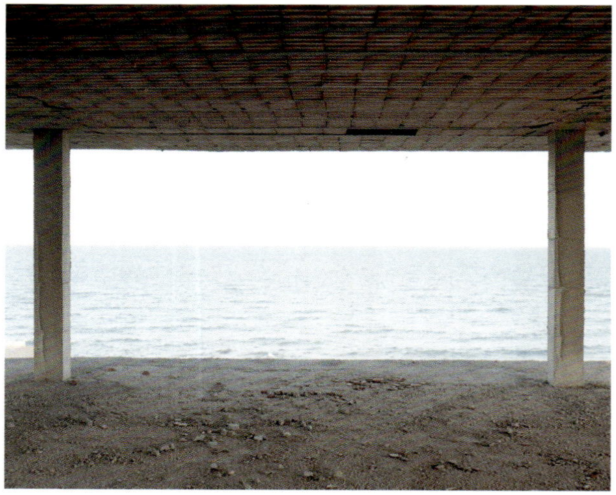

513, # 524, # 527 2005 75 X 95 CENTIMETER DIGITALE C - PRINTS

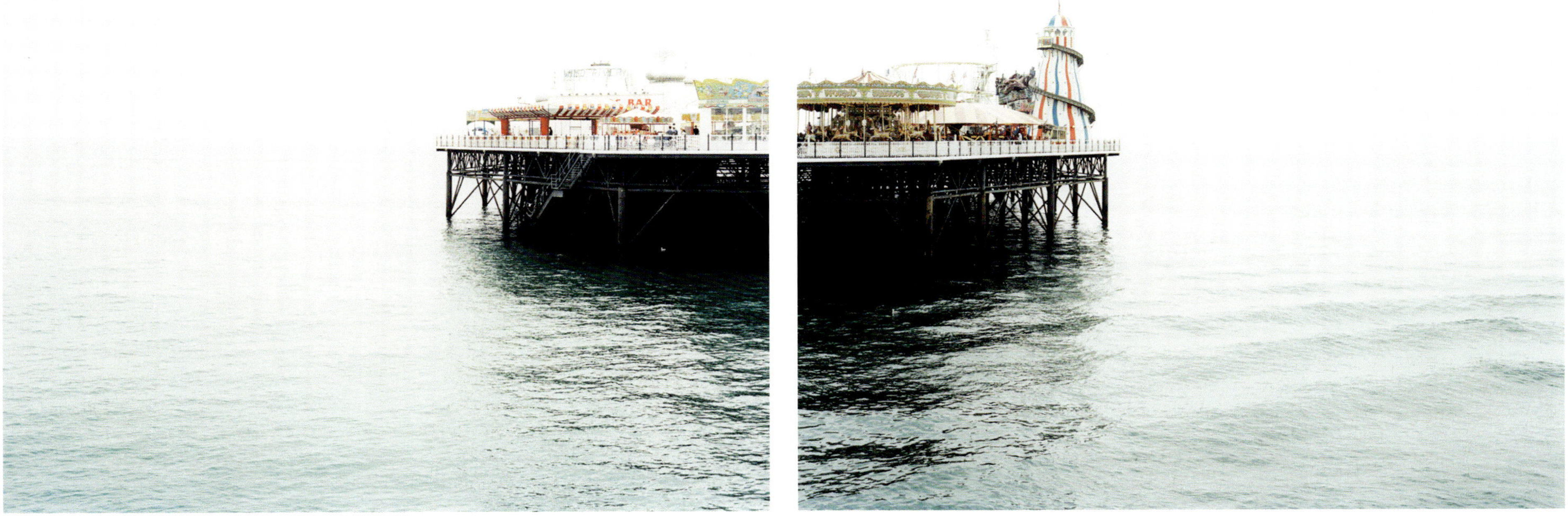

471, # 472   2005   75 X 75 CENTIMETER   DIGITALE C - PRINTS

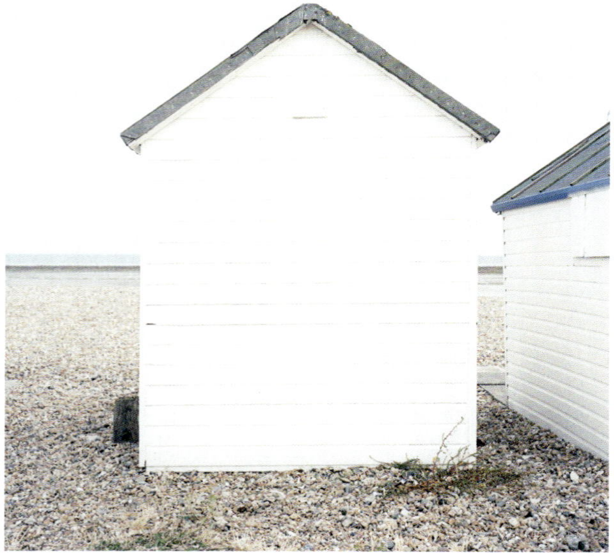
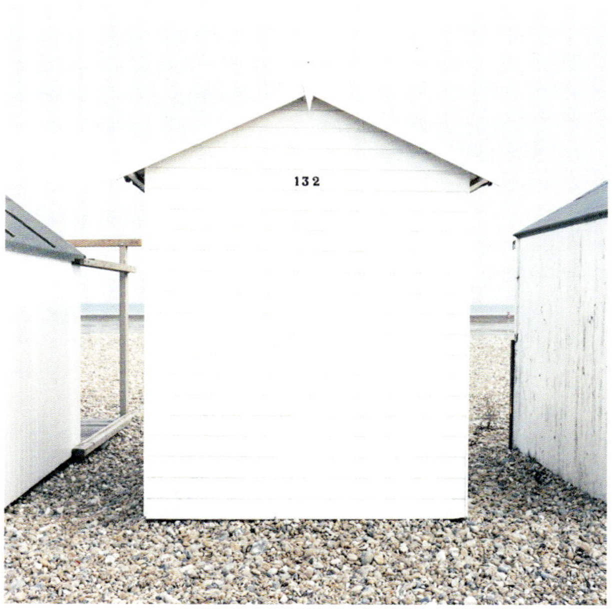

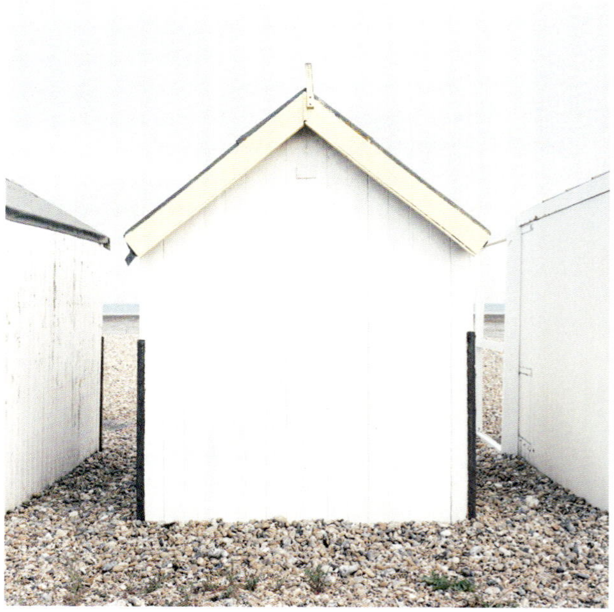

HOUSE 121, HOUSE 132, HOUSE 130 2005 30 X 30 CENTIMETER DIGITALE C - PRINTS

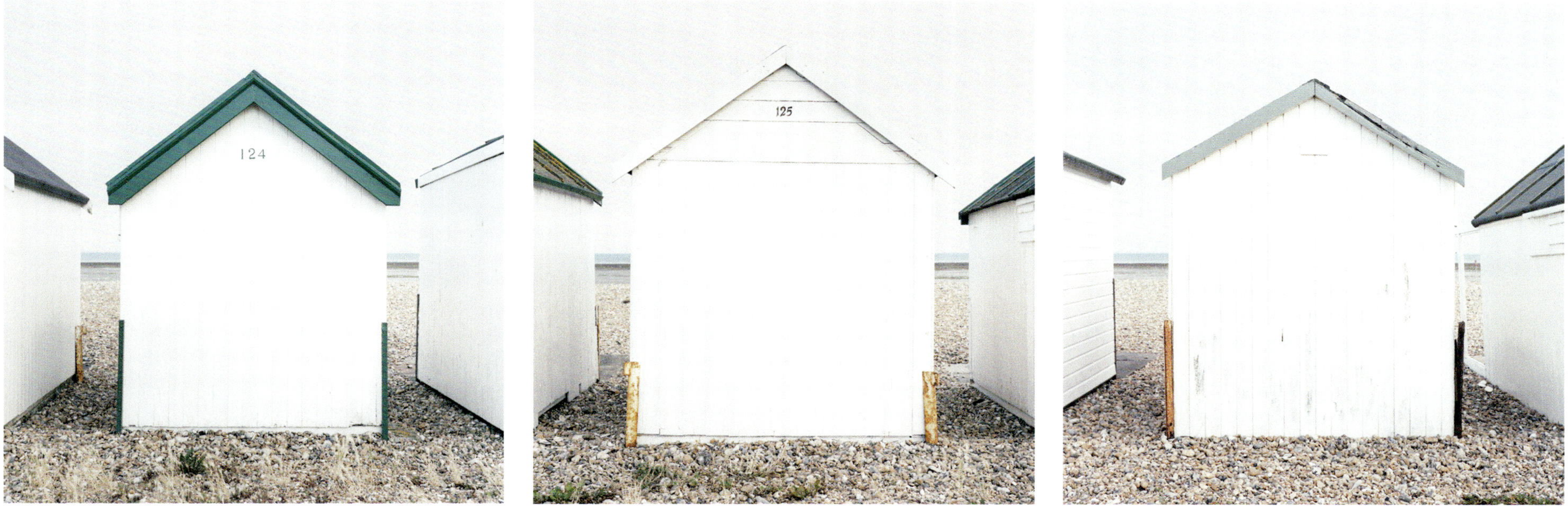

HOUSE 124, HOUSE 125, HOUSE 136 2005 30 X 30 CENTIMETER DIGITALE C - PRINTS

DIEDORF, 7 – IV – 2006 / 18:00 2006 150 X 190 CENTIMETER DIGITALER C - PRINT

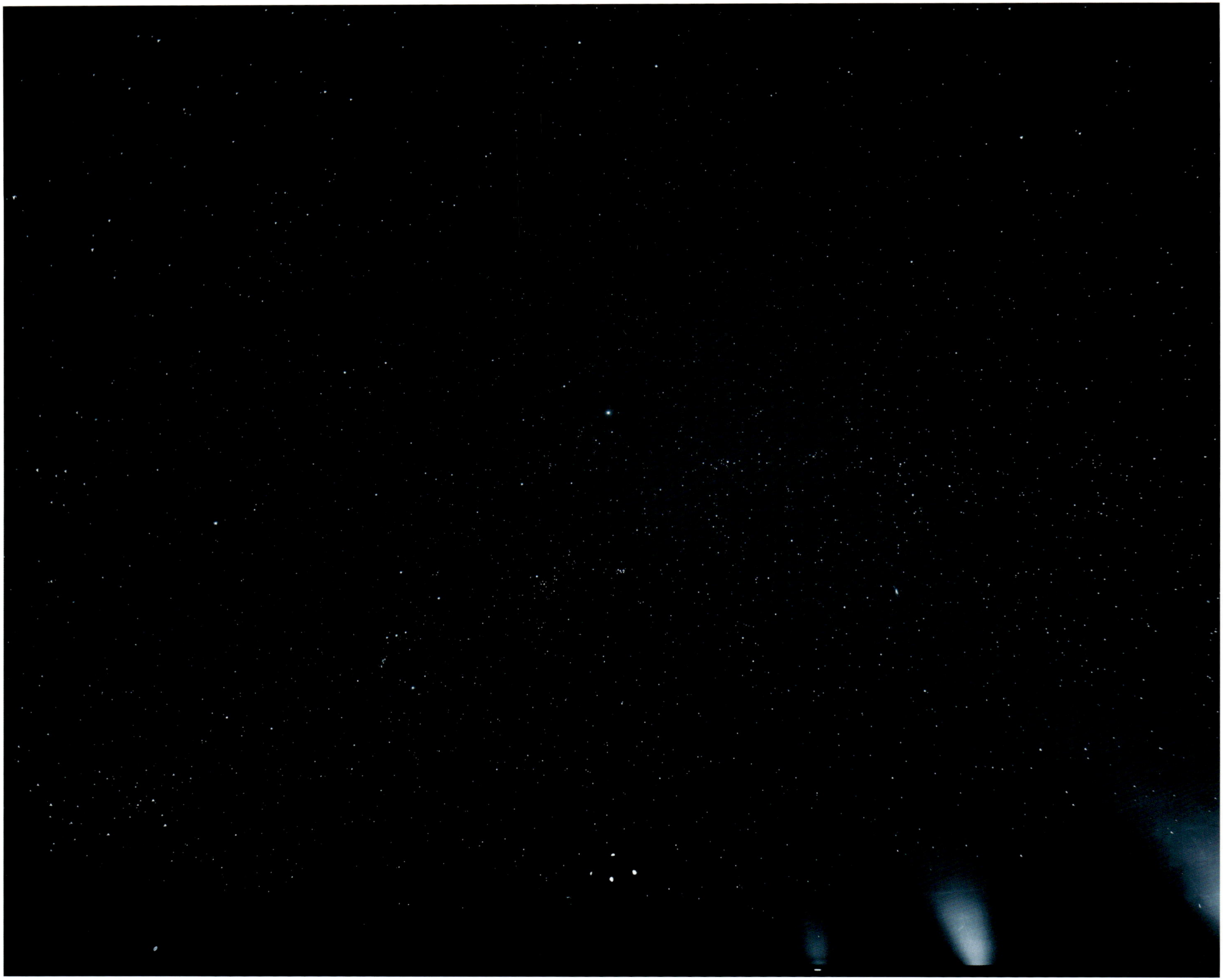
JENA, 9 - V - 2006 / 12:00   2006   150 X 190 CENTIMETER   DIGITALER C- PRINT

BERLIN II, 2 – V – 2006 / 13:00 2006 150 X 190 CENTIMETER DIGITALER C - PRINT

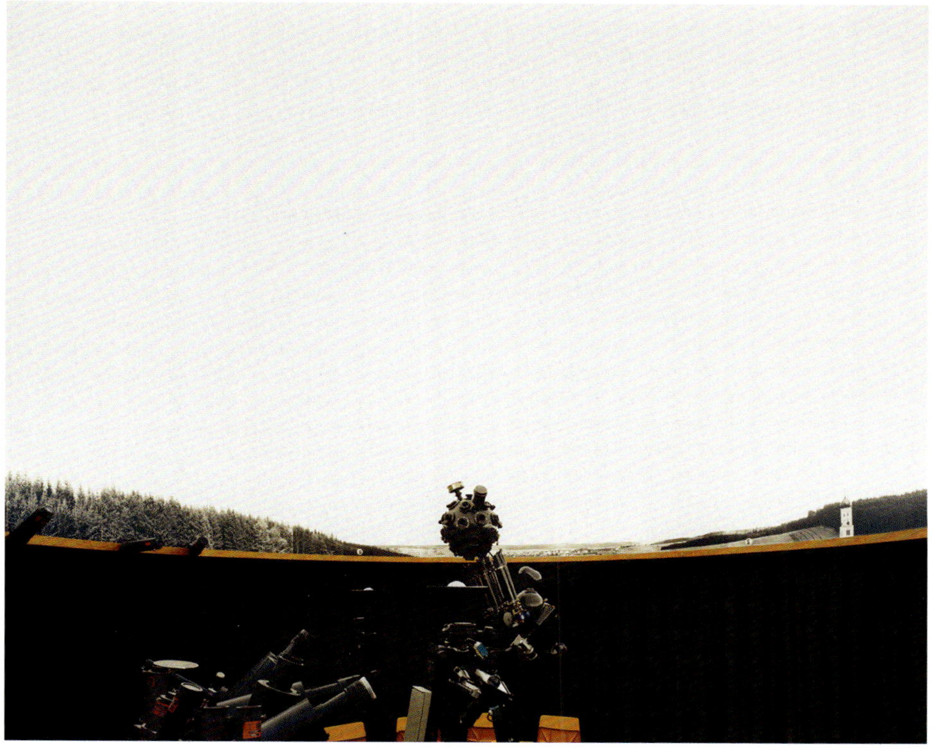

PLANETARIUM II, PLANETARIUM VI 2006 120 X 150 CENTIMETER DIGITALE C - PRINTS

ESPERANZA SPIERLING

Esperanza Spierling wurde **1971** in Murcia/Spanien geboren. **1998 - 1999** studierte sie Fotografie und freie bildende Kunst an der Johannes Gutenberg - Universität in Mainz bei Professor Vladimir Spacek. Von **1999** bis **2000** studierte E.S. Fotografie an der Hochschule für bildende Künste Hamburg bei Professor Jochen Hiltmann. Im Jahr **2000** folgte dann der Wechsel nach Leipzig, wo sie bis **2003** Fotografie an der Hochschule für Grafik und Buchkunst (HGB) bei Professor Timm Rautert studierte. Das Studium schloß sie **2003** mit dem Diplom ab. In den Jahren **2003 - 2004** war sie Meisterschülerin an der HGB bei Professor Timm Rautert. Esperanza Spierling lebt und arbeitet in Leipzig.

Esperanza Spierling was born in **1971** in Murcia, Spain. In **1998** she entered the Johannes Gutenberg - University in Mainz where she studied Photography and Fine Arts in the class of Professor Vladimir Spacek. From **1999** to **2000** she studied Photography at the Academy of Fine Arts (HFBK) Hamburg in Professor Jochen Hiltmann's class. In **2000** she moved to Leipzig where she studied Photography at the Academy of Visual Arts Leipzig (HGB) in the class of Professor Timm Rautert. She completed her studies **2003** with a degree in Arts and continued as a Meisterschüler (Master Student) of Timm Rautert which she completed successfully in **2004**. Esperanza Spierling lives and works in Leipzig.

PREISE

2004 Marion-Ermer-Preis
2001 Europäischer Architekturfotografiepreis
(lobende Erwähnung)

AWARDS

2004 Marion-Ermer-Preis
2001 European Architecture Photography Award
(laudatory mention)

PUBLIKATIONEN

2008 »Beyond the Picture« Katalogbuch.
2006 »Zweidimensionale« Ausstellungskatalog.
Kunsthalle der Sparkasse Leipzig
2005 Marion-Ermer-Preisträger Ausstellung. Katalog
Neues Museum Weimar
2003 »Silver & Gold« Ausstellungskatalog
2002 »Digitale Bilderwelten« Katalog.
Kreissparkasse Recklinghausen
»Europäischer Architekturfotografiepreis« Katalog
Kunst- und Ausstellungshalle der BRD. Bonn
2000 »Kunst und Künstler aus Rheinland-Pfalz« Katalog.
Galerie im Rathaus. Mainz

PUBLICATIONS

2008 »Beyond the Picture« catalogbook
2006 »Zweidimensionale« exhibition catalog.
Kunsthalle der Sparkasse Leipzig
2005 Marion-Ermer-laureate exhibition. catalog.
Neues Museum Weimar
2003 »Silver & Gold« exhibition catalog
2002 »Digitale Bilderwelten« catalog.
Kreissparkasse Recklinghausen
»Europäischer Architekturfotografiepreis« catalog
Kunst- und Ausstellungshalle der BRD. Bonn
2000 »Kunst und Künstler aus Rheinland- Pfalz. catalog.
Galerie im Rathaus. Mainz

AUSSTELLUNGEN
EXHIBITIONS

2007 »space 101« büro für kunst. Dresden [G]
2006 »Raum« maerzgalerie. Leipzig [K]
»Zweidimensionale« Kunsthalle der Sparkasse. Leipzig [G K]
2005 »Ein Glück, dass sie da sind…« maerzgalerie. Leipzig [G]
Marion-Ermer-Preisträger Ausstellung.
Neues Museum Weimar [G K]
2004 »Bildversuche« quicksilver
Galerie für Gegenwartskunst. Berlin
»Bildversuche I« maerzgalerie. Leipzig
2003 »Silver & Gold« 20.21 Galerie Edition Kunsthandel
Essen. Kunstfonds des Freistaates Sachsen.
Palais für aktuelle Kunst/Kunstverein Glückstadt.
Städtische Galerie Wolfsburg [G K]
»Positionen junger Fotografie« quicksilver
Galerie für Gegenwartskunst. Berlin [G]
2002 »Digitale Bilderwelten« Sparkasse Recklinghausen [G K]
»Europäischer Architekturfotografiepreis« Kunst- und
Ausstellungshalle der BRD. Bonn [G K]
2001 Hypovereinsbank Chemnitz
2000 »Kunst und Künstler aus Rheinland-Pfalz«
Galerie im Rathaus. Mainz [G K]
»Hinausspringen aus der Totschlägerreihe« Kultur-
forum Lüneburg [G]
1998 »Wirklich« Kunstmuseum Ahlen [G]
»Wirklich II« Kunstverein Dortmund [G]

[G] Gemeinschaftsausstellung group exhibition
[K] Katalog catalog

ÖFFENTLICHE SAMMLUNGEN

Sammlung der Sparkasse Leipzig
Deutsche Bundesbank

PUBLIC COLLECTIONS

Collection of Sparkasse Leipzig
Deutsche Bundesbank

IMPRESSUM
IMPRINT

HERAUSGEBER **EDITOR**
Esperanza Spierling
TEXT
Paolo Bianchi
ÜBERSETZUNG **TRANSLATION**
Ennid Roberts
GESTALTUNG **GRAPHIC DESIGN**
Christian Kuegler
AUFLAGE **PRINT RUN**
1500
REPRODUKTION **REPRODUCTION**
ScanColor Leipzig
DRUCK **PRINT**
ScanColor Leipzig
PAPIER **PAPER**
Profibulk. Galaxy Keramik

KERBER VERLAG
Kerber Verlag Bielefeld/Leipzig
Windelsbleicher Straße 166-170
D-33659 Bielefeld, Germany
www.kerberverlag.com

U.S. DISTRIBUTION
D.A.P., Distributed Art Publishers Inc.
155 Sixth Avenue 2nd Floor, New York, N.Y. 10013/USA
Tel: 001 212 6 27 19 99
Fax: 001 212 6 27 94 84

Gefördert durch die Kulturstiftung des Freistaates Sachsen
courtesy mærzgalerie
www.maerzgalerie.com

KULTURSTIFTUNG DES FREISTAATES SACHSEN

ISBN
978-3-86678-149-8

DER DANK DER KÜNSTLERIN GILT:
THE ARTIST WOULD LIKE TO THANK:

Ralph Lindner und Anja Czerny von der Kulturstiftung des Freistaates Sachsen, Torsten Reiter, Jana Sperling und Silke Breithaupt von der maerzgalerie, Timm Rautert, Christian Kuegler, Paolo Bianchi, Ennid Roberts, Ralf Lenk von ScanColor, Marc Schneider, Emilia Fernández und Günter Spierling, Mary und Helmut Schneider sowie allen, die ihre Bilder ermöglicht haben, besonders Dr. Hans Meinl vom Zeiss - Planetarium Jena, Udo Till von dem Diedorfer Planetarium der Astronomischen Vereinigung Augsburg, Hans - Friedger Lachmann und Frank - Michael Arndt vom Zeiss - Großplanetarium Berlin, Christoph Mayer vom Planetarium im Bruder - Klaus - Heim, Violau, Dr. Hans - Werner Schmidt und Dr. Jeannette Stoschek vom Museum der Bildenden Künste Leipzig, Dr. Renate Petzinger vom Museum Wiesbaden, der 20.21 Galerie Edition Kunsthandel GmbH, Mathias Güntner von der artfinder Galerie sowie dem Museum Küppersmühle für Moderne Kunst.